VIE

DE

SAINT VINCENT DE PAUL.

NOUVELLE ÉDITION,
AVEC DES NOTES.

Prix : 2 sous.

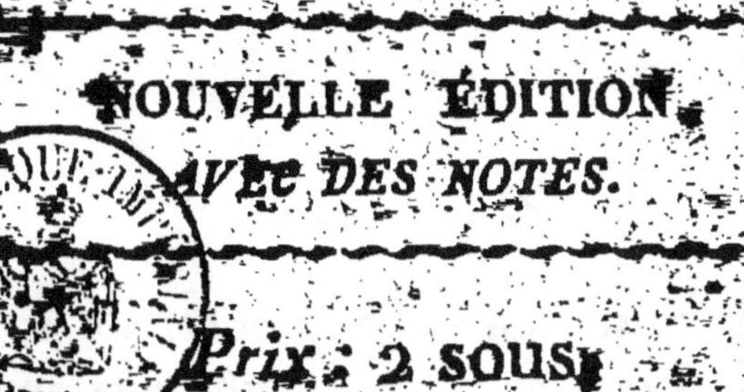

A ORANGE,

Chez Joseph BOUCHONY, Imprimeur-
Libraire.

1818.

AVIS.

On publiera successivement un certain nombre de Vies de Saints extraites de différents auteurs. Les personnes qui voudront en conserver la collection pourront les réunir et les faire relier ensemble, attendu que l'impression en sera faite dans le même format *in*-12.

AUX LECTEURS.

Nous sommes persuadés que si tant de personnes vivent dans l'incrédulité, c'est qu'elles ignorent les vérités sublimes et consolantes de la Religion. Comment, en effet, ne pas être dans l'erreur, lorsqu'on n'a lu que des ouvrages de ténèbres ?

La vie des Saints est maintenant un trésor qui n'est connu que d'un petit nombre de fidelles. Les exemples de vertus qu'elle renferme sont à la portée de tous, *et rien n'est impossible à celui qui a la foi.* Imitons donc ces exemples et nous deviendrons saints.

Saint Vincent de Paul était un pauvre prêtre et *le bien qu'il a fait excède le pouvoir des Rois.* Vous tous que l'enfer suscite contre les Prêtres du Seigneur, les monuments de la charité de saint Vincent de Paul sont encore debout pour vous répondre.

Un Prêtre est le père des pauvres, le consolateur des affligés. Le riche s'adresse à lui pour calmer le trouble de son âme.

Il est l'intermédiaire entre les hommes et la Divinité. Par état et par devoir, *un Prêtre passe sa vie à faire du bien*. Malheur à celui qui ne remplit pas la tâche que le Seigneur lui impose ! Il paraîtra un jour devant le tribunal redoutable de l'éternité, et son jugement sera terrible.

Respectons les Prêtres en vue de Jésus-Christ. Bons ou mauvais respectons-les. Ce n'est pas à nous à les juger. Dieu seul nous jugera tous.

Nous publions un court abrégé de la vie de saint Vincent de Paul, extrait d'un auteur anonyme. On vient d'imprimer une vie complète du même Saint en 4 volumes *in*-8.º par M. Collet, prêtre de la mission (1). Le même auteur en a publié une en 2 volumes *in*-8.º, et une autre plus abrégée en un volume *in*-12.

-----

(1) A Paris, chez Demonvile, rue *Christine.*

VIE

DE

SAINT VINCENT DE PAUL.

Vincent de Paul naquit dans la paroisse de Poy, au diocèse de Dax. Son père se nommait Guillaume de Paul, et sa mère Bertrande de Moras. Ils avaient six enfans qu'ils élevaient dans la piété, et qui les aidaient à cultiver une petite ferme qu'ils possédaient en propre. Vincent, qui était le troisième, fut employé à garder les troupeaux. On remarqua dès-lors en lui le germe de cet amour pour les pauvres, qui devait être un jour sa vertu dominante. Ayant une fois ramassé trente sous, somme considérable pour lui, il la donna au malheureux qui lui parut le plus délaissé.

Guillaume de Paul, qui aperçut dans son fils de rares dispositions pour les sciences et la piété, résolut de le faire étudier, et il l'envoya à Dax faire ses premières études.

Ordonné Prêtre, il aima mieux renoncer à une Cure à laquelle il avait été nommé, que de soutenir un procès.

S. Vincent fut ensuite obligé d'aller à Marseille pour recevoir un legs que lui avait laissé un de ses amis, mort dans cette ville.

Étant sur le point de retourner à Toulouse, il accepta la proposition qu'on lui fit de prendre la voie de la mer jusqu'à Narbonne ; mais il fut pris par des pirates, blessé, enchaîné, mené à Tunis, et vendu d'abord à un pêcheur, puis à un médecin, après la mort duquel on le vendit à un renégat natif de Nice. Saint Vincent fut exposé à toutes sortes d'épreuves durant cette captivité ; promesses, menaces, mauvais traitemens, rien ne fut épargné pour ébranler sa foi. Le médecin, qui fut son second maître, fut jusqu'à lui offrir de le faire son héritier, s'il voulait abandonner sa religion. Vincent implora le secours du Ciel par l'intercession de la sainte Vierge, et il se crut toute sa vie redevable à la mère de Dieu d'avoir échappé à ces tentations. Le Seigneur récompensa cette constance : Une des femmes du renégat voulut un jour que son esclave chantât les louanges du Dieu qu'il adorait ; Vincent chanta le pseaume *Super flumina Babylonis*, et l'antienne *Salve Regina* avec tant d'onction et de grâce, que cette femme en fut vivement touchée. Elle dit à son mari qu'il avait eu grand tort de quitter sa religion. Ce reproche ne fut pas en vain ; dès le jour suivant, le renégat s'ouvrit à son esclave, et lui dit qu'il n'attendait que la commodité de se sauver en Europe. Elle se trouva au bout de dix mois. Ils s'embarquèrent, et ils abordèrent en France, où le renégat fut réconcilié par le vice-légat d'Avignon. De là Vincent de Paul alla à Rome, où il visita avec grande dévotion le tombeau des saints Apôtres. Il quitta l'Italie, chargé par le cardinal d'Ossat de rendre compte de vive voix au roi Henri IV, d'une affaire très-importante qu'il n'avait pas voulu hasarder dans une lettre.

Arrivé en France, Vincent remplit sa commission auprès d'Henri IV ; « mais quoi-
» qu'il eût eu, dit son premier historien,
» une si favorable entrée auprès d'un grand
» roi, qui savait très-bien faire le discerne-
» ment des esprits, et de qui, par consé-
» quent, étant connu, il pouvait espérer un
» avancement très - considérable, selon le
» siècle, il ne voulut pas se prévaloir de
» cette occasion, que d'autres eussent re-
» cherchée et ménagée avec tant de soin ;
» et fermant les yeux aux premières lueurs
» de la fortune, il fut se loger dans le
» voisinage de l'hôpital de *la Charité*, où il
» passait une partie de ses journées à ins-
» truire et soigner les malades. » (1)

Deux ans après, par le conseil du cardinal de Bérulle, il accepta la cure de Clichi près

____

(1) Occupation digne d'un Saint. Servir les malades, les instruire est d'autant plus grand aux
yeux de Dieu que cela paraît petit et indifférent
aux yeux des gens du monde. Ils ignorent, sans
doute, qu'au jour du jugement, Dieu semble oublier
les autres bonnes œuvres pour dire aux Elus : *J'étais*
nu et vous m'avez revêtu. J'étais malade et vous m'avez
visité.... S. Mathieu.

Paris. Les aumônes qu'il recueillit dans la capitale, lui fournirent le moyen de rebâtir en entier et orner l'Eglise de cette paroisse; il y nourrit les pauvres, et y fit fleurir la piété; mais la providence qui destinait le saint Prêtre à une carrière plus vaste, se servit encore de M. de Bérulle, pour le déterminer à se charger de l'éducation des enfans du comte de Gondy, général des galères de France, qui, par sa piété et son zèle, eut tant de part, ainsi que la comtesse son épouse, à presque tout le bien que fit depuis Vincent de Paul.

Saint Vincent accompagna madame de Gondy au château de Folleville, dans le diocèse d'Amiens. On vint un jour le prier de confesser un paysan dangereusement malade. S. Vincent lui ayant proposé de faire une confession générale, s'aperçut bientôt que son pénitent ne s'était jamais confessé avec les dispositions nécessaires. Le paysan fondant en larmes, s'accusa de tous ses péchés, et en reçut l'absolution. Il ressentit ensuite une joie extraordinaire; et il s'écriait qu'il eût été perdu, s'il n'eût pas eu le bonheur de rencontrer S Vincent. Mad.ᵉ de Gondy, craignant que plusieurs de ses vassaux ne fussent dans le même cas, le pria de prêcher dans l'Eglise de Folleville, le jour de la conversion de saint Paul, afin d'instruire le peuple sur le caractère de la vraie pénitence. Son discours produisit le plus grand fruit. Toute sa vie le Saint en célébra la mémoire;

c'est aussi pour cela que les Prêtres de la congrégation de la mission, datent leur premier établissement du jour de la conversion de saint Paul, le 25 janvier 1617. L'année d'après, toujours par le conseil de M. de Bérulle, S. Vincent, accompagné de cinq Prêtres, se chargea du soin d'aller prêcher l'évangile dans les villages de la Bresse, où régnait une ignorance grossière des premières vérités du christianisme. Madame de Gondy apprit avec une joie singulière les succès des travaux de S. Vincent; ce fut alors qu'elle résolut, de concert avec son mari, d'établir une compagnie de missionnaires, qui s'emploiraient à l'instruction de leurs fermiers et de leurs vassaux. Ce projet fut proposé à J. F. de Gondy, frère du comte, premier archevêque de Paris. Le prélat l'approuva et donna le collége des Bons-Enfans, pour loger la nouvelle communauté.

Vers le même temps, Vincent, secondé par M. de Gondy, parvint à porter quelques soulagemens aux forçats qui étaient en dépôt à Paris, et qu'il trouva dans la plus affreuse situation; il les rassembla dans une seule maison, leur donna des secours pour le corps et pour l'âme, et établit pour eux un ordre si admirable, que M. de Gondy en ayant parlé au roi, Vincent fut nommé aumônier général des galères. Il ne tarda pas à se rendre à Marseille : et là se trouvant au milieu des galériens qui, par leurs imprécations, ne faisaient qu'aggraver leur

horrible état, il allait de rang en rang, il
écoutait leurs plaintes, il compatissait à
leurs peines ; il joignit autant qu'il était pos-
sible l'aumône aux paroles, et par-là il
s'ouvrit un chemin dans tous les cœurs ; il
engagea aussi les officiers à traiter avec plus
de ménagement des hommes déjà assez malheureux. Ses soins ne furent point inutiles ;
on eut plus d'humanité d'un côté, plus de
docilité de l'autre ; l'esprit de paix com-
mença à dominer, les murmures s'appai-
sèrent ; les aumôniers purent parler de Dieu
sans être interrompus, et ils comprirent
que des forçats étaient susceptibles de
vertu. Mais le plus grand service qu'il leur
rendit, fut d'obtenir qu'on bâtirait pour les
malades un hôpital, que M. de Gondy com-
mença dès-lors, et qui fut depuis achevé
par le cardinal de Richelieu.

Après la mort de madame de Gondy, que
S. Vincent assista dans ses derniers momens,
il alla demeurer avec ses Prêtres au collége
des Bons-Enfans, et leur donna des règles
ou constitutions qui furent approuvées par
le Pape Urbain VIII. L'année suivante, les
chanoines réguliers de S. Victor cédèrent à
Vincent le prieuré de Saint-Lazare, qui
devint le chef-lieu de la congrégation, et fit
donner aux pères de la mission le nom de
Lazaristes.

Cet établissement ne suffisant pas encore
au zèle de saint Vincent de Paul, il travailla
à former cette société, devenue depuis si

célèbre sous le nom de *Filles de la Charité.*
Les premières qui se réunirent furent logées
chez mademoiselle Legras, (1) qui pourvut
à leur entretien. On leur apprit à servir les
malades, et on les forma aux exercices de
la vie spirituelle. Le zèle à remplir leurs
devoirs, la sainteté de leur vie charmèrent
tous ceux qui eurent occasion de les voir;
et leur nombre augmenta si rapidement,
non-seulement en France, mais dans les
Pays-Bas, l'Autriche, la Silésie et la Polo-
gne, qu'il y en eut trois cents maisons du
vivant du même fondateur. La vocation des
filles de S. Vincent, est de prendre soin des
pauvres dans les paroisses, d'élever les enfans
trouvés, d'instruire les jeunes filles privées
de leurs parens, de soigner les malades
dans les hôpitaux, et même les criminels
condamnés aux galères.

Saint François de Sales, dans un de ses
voyages qu'il fit à Paris, eut occasion de
connaître S. Vincent de Paul. Une tendre
charité unit bientôt ces deux grandes âmes.
S. Vincent disait que la douceur, la majesté,

---

(1) M.ᵉ le Gras était fille de Louis de Marillac,
frère de Michel de Marillac, garde des sceaux, et
d'un autre Marillac, maréchal de France. Saint
Vincent de Paul apprenant sa mort, dit d'elle :
« Nous avons grand sujet de croire qu'elle jouit
» maintenant de la gloire promise à ceux qui
» servent Dieu et les pauvres de la manière qu'elle
» a fait. »

la modestie et tout l'extérieur de François de Sales, lui retraçaient une vive image du Fils de Dieu conversant parmi les hommes. Etant tombé malade peu de temps après un entretien qu'il avait eu avec ce saint Prélat, il s'écriait tout naturellement : *Puisque l'évêque de Genève est si bon, il faut, ô mon Dieu ! que vous soyez bien bon vous-même.*

Saint Vincent de Paul fut aussi fait supérieur de plusieurs autres communautés religieuses, entr'autres de celle des Filles de la Providence. Celle-ci avait été établie par madame de Pollalion. Cette pieuse femme, formée par Vincent de Paul, voulut procurer un asile aux jeunes personnes de son sexe, que l'indigence, l'abandon, ou la mauvaise conduite de leurs parens, exposent souvent au danger de perdre leur honneur et leur âme. Il coopéra aussi à l'établissement de la maison des *Orphelines*, fondée par madame de l'Etang ; de celle des Filles de Sainte-Geneviève, appelées *Miramiones*, du nom de madame de Miramion, leur fondatrice ; de celles des *Filles de la Croix*, fondée par madame de Villeneuve : institutions toutes destinées à l'éducation des enfans de la classe indigente ou au soin des pauvres malades.

La charité de Vincent de Paul ne se bornait point aux soins de ces précieuses communautés. La Lorraine, la Champagne, la Picardie, ravagées par la guerre, la famine et les épidémies, trouvèrent en lui des ressources inespérées. Les aumônes qu'il ramassa pour la Lorraine seule, se portèrent à 1,600,000 livres.

Les étrangers participèrent aussi aux fruits de sa charité. Un grand nombre de royalistes Anglais ayant été obligés de fuir de leur pays sous Cromwel, S. Vincent de Paul parla de la triste position de ceux qui s'étaient retirés à Paris, dans une assemblée de seigneurs qu'il avait formée en *association de charité*. On y résolut qu'il serait fait une pension à ces étrangers, et chaque mois elle était portée chez eux par le Baron de Renti.

Ce n'est pas le seul service dont les catholique des îles Britanniques furent redevables à S. Vincent de Paul ; d'après un bref du pape Innocent X, il envoya huit de ses Prêtres en Irlande, qui y firent des biens sans nombre, selon que l'écrivirent à S. Vincent les évêques du pays. Il en envoya aussi en Ecosse et dans les îles Hébrides, qui fortifièrent les catholiques dans la foi, et y ramenèrent un grand nombre de ceux qui l'avaient abandonnée.

Les regards de S. Vincent se portèrent encore plus loin que l'Europe. Se ressouvenant des maux qu'il avait soufferts dans son esclavage d'Affrique, il envoya de ses missionnaires à Tunis, à Tripoli et à Alger.

Enfin, sur l'invitation de la Congrégation établie à Rome pour la propagation de la foi, il envoya vingt de ses Prêtres pour prêcher l'évangile aux peuples idolâtres et presque sauvages de l'île de Madagascar. Son regret était de ne pouvoir aller lui-même prêcher la foi aux infidelles. *Ah ! malheureux que je suis*, disait-il *quelquefois dans l'ardeur de son zèle, je me suis rendu indigne par mes péchés d'aller rendre service à Dieu parmi les peuples qui ne le connaissent pas.*

Oh ! qu'heureuse, ajoutait-il, est la condition d'un missionnaire qui n'a point d'autres bornes de ses travaux pour J. C. que toute la terre habitable. Pourquoi donc nous restreindre à un point et nous prescrire des limites, puisque Dieu nous a donné tant d'étendue pour exercer notre zèle ?

Les enfans-trouvés étaient alors à Paris, dans un état d'abandon qu'il est impossible de décrire. S. Vincent rassembla une société de dames charitables qui se chargèrent de ces infortunés ; mais bientôt la dépense de cet établissement devint si énorme et elle épuisa à tel point toutes les ressources, qu'on fut au moment de l'abandonner. Dans cette extrémité, Vincent convoqua une assemblée générale de ces dames pieuses, et il mit en délibération si la compagnie devait cesser ou continuer ses premiers soins. Il leur proposa, dit Abély, les raisons qui pouvaient les dissuader ou persuader ; il leur fit voir que jusqu'alors, elles avaient fait vivre jusqu'à cinq ou six cents de ces

enfans, qui fussent morts sans leur assis-
tance, dont plusieurs apprenaient des mé-
tiers, d'autres étaient en état d'en apprendre,
et que par leur moyen, tous ces pauvres
enfans avaient appris à connaître et servir
Dieu; puis, élevant un peu la voix, il con-
clut par ces paroles : « Or-sus, mesdames,
» la compassion et la charité vous ont fait
» adopter ces petites créatures pour vos
» enfans; vous avez été leurs mères selon la
» grâce, depuis que leurs mères selon la
» nature les ont abandonnés; voyez mainte-
» nant si vous voulez aussi les abandonner.
» Cessez d'être leurs mères, pour devenir
» à présent leurs juges; leur vie et leur
» mort sont entre vos mains; mais je m'en
» vais prendre les voix et les suffrages : il
» est temps de prononcer leur arrêt, et de
» savoir si vous ne voulez plus avoir de
» miséricorde pour eux. Ils vivront si vous
» continuez d'en prendre un charitable soin;
» et au contraire, il mourront infaillible-
» ment, si vous les abandonnez.» Ces dames
furent si fort touchées, que toutes unani-
mement conclurent qu'il fallait soutenir, à
quelque prix que ce fût, cette entreprise
de charité, et pour cela elles délibérèrent
entr'elles des moyens de la faire subsister.
A la suite de cette délibération, on obtint
du roi le château de Bicêtre pour loger ces
enfans, et une somme considérable qui
suppléa à l'insuffisance des aumônes parti-
culières.

La vénération dont jouissait S. Vincent de Paul lui donnait le moyen de faire réussir les plus grands projets. Il assista Louis XIII à la mort, et le disposa, par ses exhortations, à finir sa vie dans les plus parfaits sentimens de piété. Ce fut dans ces derniers momens, que le roi, repassant dans son esprit les devoirs de la royauté, s'écria : *Ho ! M. Vincent, si Dieu me rendait la santé, je ne nommerais personne à l'épiscopat qui n'eût passé trois ans avec vous.*

La reine Anne d'Autriche, qui fut régente pendant la minorité de Louis XIV, appela S. Vincent au conseil de conscience. Il y rendit de très-grands services à l'Eglise, malgré les contradictions qu'il y éprouva, et M. Fléchier, évêque de Nismes, dans la lettre qu'il écrivit au Pape, 45 ans après, pour demander la béatification de S. Vincent de Paul, témoigne que le clergé de France lui devait en grande partie l'éclat dont il brillait depuis ce temps.

Pendant les troubles de la Fronde, prévoyant la disette qui devait s'en suivre, il avait renvoyé en province tous les élèves de ces séminaires ; et il put ainsi nourrir pendant quelque temps deux mille pauvres, soit avec les subsistances destinées à ces ecclésiastiques, soit avec les aumônes dont la charité le rendait toujours dépositaire. Enfin le Saint termina le cours de ses grands bienfaits publics, en procurant la fondation de l'hôpital général, où tous les pauvres de Paris trouvèrent un asile.

Le Saint, âgé de 85 ans, convoqua à S. Lazare l'assemblée générale des membres de sa congrégation. Il les exhorta tous de la manière la plus touchante à observer avec la plus parfaite exactitude les règles qu'il leur avait données. Sa santé dès-lors était bien altérée ; on la voyait dépérir de jour en jour ; mais malgré son extrême affaiblissement et ses souffrances, il ne diminua rien de ses exercices de piété ; il continua de se lever à quatre heures du matin, de dire la messe, de faire trois heures d'oraison ; et à ses prières accoutumées, il ajoutait encore, vers la fin de sa vie, les recommandations de l'âme et les divers actes par lesquels l'Eglise prépare les fidelles à paraître devant Dieu. Il mourut le 27 septembre 1660, âgé de 85 ans.

On l'enterra dans l'Eglise de Saint-Lazare ; il y eut un concours prodigieux à ses funérailles ; le Nonce du Pape, plusieurs Evêques, le prince de Conti y assistèrent. Il s'opéra, par l'intercession de S. Vincent, divers miracles, dont la vérité fut juridiquement reconnue.

MIRACLES.

———

Le décret qui décide de la sainteté, ne décide pas du culte public. Il faut que Dieu fasse connaître qu'il veut que ce culte soit décerné, et c'est par les miracles qu'il est censé le faire connaître. Sur ce grand nombre de prodiges qui s'étaient opérés sur le tombeau de S. Vincent de Paul, ou par son intercession, on en avait d'abord choisi soixante-quatre des plus frappans; mais la crainte de s'exposer aux discussions interminables d'un conseil, qui par amour pour l'Eglise ne passe pas toujours ce que les ennemis de l'Eglise auraient passé, fit qu'on se contenta d'en proposer huit que la voix publique avait annoncés comme miraculeux. Il n'en fallait que deux bien avérés; le St. Siége en approuva quatre.

Le premier s'était opéré sur Claude-Jph. Compoin, qui, ayant entièrement perdu la vue à l'âge de dix ans, la recouvra dans un instant, aussitôt qu'il eut commencé sa neuvaine sur la tombe du serviteur de Dieu.

Le second se fit sur Anne L'Huiller, jeune fille de huit ans. Elle était muette de naissance, et si paralytique des deux jambes, que jusque-là elle n'avait pu faire un pas. Sa mère, qui bien ou mal ne lui avait voulu faire aucun remède, fit deux neuvaines pour elle. Un double miracle, pour ne rien dire de plus, fut le fruit de sa persévérance. La petite L'Huiller marcha ferme et parla distinctement.

L'opération de Dieu n'éclata pas moins dans un troisième miracle. Maturine Guérin, fille de la charité et d'un vrai mérite, ayant été attaquée à la jambe d'un ulcère qui fesait horreur, et que les médecins nomment *phagédénique*, parce qu'il ronge jusqu'aux os, se dit enfin, après trois mois de souffrances, qu'une fille du Saint Prêtre pourrait trouver à son tombeau la même ressource que tant d'étrangers y trouvaient tous les jours. Sa confiance ne fut pas vaine. Le neuvième jour de ses prières, sa jambe se trouva aussi saine qu'elle eût jamais été. Son rétablissement fut entier; et pendant six ans qu'elle vécut encore, elle continua le service des pauvres avec autant de liberté que jamais....

Enfin, la dernière guérison fut celle d'Alexandre - Philippe Legrand. Ce jeune homme qui dès sa naissance avait été porté à l'hôpital des enfans trouvés, y devint, à l'âge de sept ans, si perclus des bras et des jambes, qu'il ne pouvait ni marcher ni porter ses mains à la bouche. Florent Franchet, l'un des plus habiles chirurgiens de Paris, et qui depuis vingt ans l'était de cette maison, ayant vu que tous les remèdes possibles n'aboutissaient à rien, fit enfin son ordonnance et déclara que Legrand ne pouvant guérir, il fallait le transporter à l'hôpital général, où il y a une salle pour les incurables de son âge. Avant que d'en venir là, Elisabeth Bourdois, fille de la charité, voulut tenter des remèdes supérieurs. Elle fit commencer une neuvaine sur la tombe de saint Vincent de Paul. Elle n'était pas finie, qu'Alexandre recouvra le mouvement que quatre années de remèdes n'avaient pu lui procurer : il fit à pied et sans appui une demi-lieue pour retourner à son ancien domicile.

Quoiqu'il soit aisé de conclure, par le court abrégé de la vie de saint Vincent de Paul, que la charité pour les pauvres fut sa vertu dominante, nous allons ajouter quelques réflexions. A le prendre depuis l'enfance jusqu'à sa mort, presque toute sa vie s'est passée à secourir les malheureux. Tant d'associations instituées pour soulager les malades, tant de larmes répandues pour les enfans trouvés, tant d'hôpitaux fondés par ses soins, tant de secours procurés à d'immenses provinces, tant de si grandes sommes distribuées aux esclaves de barbarie, tant de glorieux établissemens qui subsistent encore, annoncent, depuis plus d'un siècle, que l'esprit de miséricorde fut celui qui l'anima davantage. C'est pour les pauvres qu'il a établi une compagnie de vierges, qui se font gloire d'en être les servantes. C'est pour eux qu'il a donné à l'Eglise une nouvelle Congrégation, et qu'il l'a souvent réduite à manquer du nécessaire, de peur que le nécessaire ne manquât à l'indigence. C'est pour eux, qu'après avoir tiré d'une auguste reine jusqu'à ses pierres précieuses, il se livrait en quelque sorte lui-même, en empruntant en son propre nom des sommes considérables. Enfin, c'est pour eux qu'il a si prodigieusement donné pendant sa vie, qu'au jugement de François Hébert, évêque d'Agen, qui le savait mieux qu'un autre, le total de ses aumônes passe douze cent mille louis d'or. Que la légion qui s'étudie à obscurcir sa gloire, nous montre quelque chose d'approchant ! cependant ce n'est là qu'une légère esquisse de sa charité pour les pauvres. La lecture de sa grande histoire, quoique fort resserrée de ce côté-là, en donnera une idée plus juste et plus capable d'attendrir (1).

------

(1) Vie de S. Vincent de Paul, *in*-12, page 382, par M. Collet, prêtre de la mission.

PRIÈRE

POUR DEMANDER DE SAINTS PRÊTRES.

O MON DIEU, infiniment bon, sage et puissant, nous vous supplions humblement par l'intercession de la très-sainte Vierge Marie, mère de votre Fils unique, de jeter un regard de miséricorde sur nous, et de susciter des hommes apostoliques, éclairés des lumières de l'Esprit Saint et remplis de zèle, afin qu'ils raniment la Foi et qu'ils convertissent les pécheurs, et nous fassent tous rentrer dans les voies du salut; par Notre Seigneur Jésus Christ votre Fils, qui étant Dieu vit et règne avec vous en l'unité du Saint-Esprit, dans tous les siècles des siècles. Ainsi soit-il.

FIN.

PAROLES *de l'Ecriture Sainte.*

Vous aimerez le Seigneur de tout votre cœur, de toute votre âme et de toutes vos forces. *Deut.* 6. 5.

Vous aimerez votre prochain comme vous-même. *St. Mathieu.* 31 , 39.

Quand je parlerais le langage de tous les hommes et celui des anges, si je n'ai pas la charité, je ne suis que comme un airain sonnant et une cymbale retentissante. *S. Paul* 1 , *cor.* 13 , 1.

L'homme miséricordieux fait du bien à son âme. *Prov.* 11 , 17.

Si vous assistez les pauvres de bon cœur et si vous remplissez de consolation l'âme affligée, votre lumière s'élévera dans les ténèbres. *Is.* 58 , 10.

Celui qui n'aime point ses frères demeure dans la mort. *S. Jean* 3 , 14.

Le Seigneur consolera tous ceux qui l'aiment. *Ps.* 144.